Ontspannen groeien als ondernemer met video marketing

de
video
vak
vrouw

Titel:	Ontspannen groeien als ondernemer met video marketing
ISBN:	978-90-833-45-079
Oorspronkelijk ISBN:	978-90-83182-780
Druk:	Eerste druk, 2023
NUR:	802
Auteur:	Elisabeth Griffioen
Ontwerp omslag:	Kim van Bemmel
Vormgeving:	Het Boekenschap
Fotografie:	Wendy van Hardeveld
Tekstredactie:	Els Brouwer, Margreet de Metter
Boekproductie:	Het Boekenschap, Zelhem
Bestellen:	devideovakvrouw.nl/boek

ONTSPANNEN GROEIEN ^{ALS ONDERNEMER} MET VIDEO MARKETING

Elisabeth Griffioen

**7 krachtige scripts
voor video's
die je klanten opleveren**

Inhoud

Als de bodem in zicht komt, is de oplossing nabij

Ik had die bodem zelf niet aan zien komen, tot het akelige moment ik met tranen in mijn ogen in de auto zat. Dit was niet zoals ik gehoopt had. Ik dacht dat ik gelukkig was. Ik 'leefde mijn droom'. En toch …

Dit speelt zich een paar jaar geleden af in een stille straat in Den Haag. Ik zit in mijn auto. Op de achterbank: een kinderzitje (leeg) en drie zwarte tassen vol met camera's, lampen en statieven. Buiten: het zonnetje schijnt, het is lente, het licht is werkelijk prachtig. Binnen in mij: best wel donker. Ik heb de hele dag video-opnames gemaakt met een ondernemer die zich niet had voorbereid. Ik ben moe, ik moet als de sodemieter terug naar Utrecht, want het kinderdagverblijf gaat bijna sluiten en wat we gaan eten? Geen idee. Thuis wachten een volle wasmand én een volle mailbox. Ik heb vooral zin om mijn hoofd op het stuur te leggen en te huilen.

Het leek allemaal zo mooi. Na jaren als regisseur van televisieprogramma's gewerkt te hebben ben ik voor mezelf begonnen als videograaf. Ik maak creatieve video's voor ondernemers. Ik ben moeder, iets waarvan ik lang dacht dat het voor mij niet zou gebeuren en waarvoor ik enorm dankbaar ben. Ik heb een fijn huis, familie en vrienden en ik vind vooral dat ik gewoon niet moet zeuren. Maar op deze zonnige lentedag geef ik aan mezelf toe: dit ís niet leuk. Ik ben aan het ploeteren. Au.

Ik ploeter omdat ik nooit nee zeg. Er zijn altijd nét te weinig mensen die me inhuren als video-maker. Het zijn vaak niet de mensen met wie ik graag werk. We hebben niet dezelfde smaak, principes of verwachtingen. En als ik een offerte stuur, dan zet ik de prijs steevast laag in, omdat ik bang ben voor een 'nee'.

Ik weet echt wel dat mijn kennis van goede video's maken onmisbaar is als het gaat om mensen bereiken via Google, YouTube en sociale media. Ik lever waarde, ik heb iets te melden, ik kán de wereld een stukje mooier maken, maar ja, hoeveel mensen kennen mij?

Op die dag, op die plek, neem ik een besluit: ik
ga ervoor zorgen dat veel meer mensen weten
wie ik ben en wat ik kan. Zodat ze aan me denken als ze me nodig hebben. Hoe meer bereik,
hoe meer werk, dus dan kan ik 'nee' zeggen als
ik dat wil. Dus: hoe groter je zichtbaarheid, hoe
groter je onafhankelijkheid. Ik besluit ook om
video te gebruiken. Ik – altijd aan het werk van
achter de camera – vind dat eng, maar ik weet
ook: bewegend beeld heeft meer impact dan
tekst of een foto. Als je iemand ziet op video, heb
je het gevoel deze persoon in het echt ontmoet
te hebben.

Gelukkig heb ik veel te vertellen en te delen.
Ik heb honderden tv-programma's en video's
bedacht en gemaakt. Ik weet hoe je de aandacht
van je kijker trekt en vasthoudt. Ik weet hoe de
techniek werkt en hoe je vlot en ontspannen
presenteert voor de camera, ook al is het spannend.

De weken na dat moment in Den Haag post ik
korte video's waarin ik mijn kennis deel. Met nét
iets meer beeld dan de meeste ondernemers-
video's waarin je alleen een pratend hoofd met
een saaie achtergrond ziet. Ik koop zelfs een

selfiestick om buiten video's op te nemen. Dat geeft ruimte om te spelen, maar ik vind het ook gênant: wat als mensen het stom vinden? Gelukkig schaam ik me nét niet te veel, dus ik zet die video's tóch online.

En het werkt. Na de eerste vijf video's zit mijn training vol. Na nog eens tien video's heb ik er duizenden nieuwsbrieflezers bij op mijn mailinglijst en ben ik voor zes maanden volgeboekt met de leukste trainingen en producties. En dat houdt daarna niet meer op. Wat een opluchting!

Nog iets moois: ik wilde zo graag 'nee' kunnen zeggen, maar dat hoeft juist bijna nooit meer. Iedereen die me vraagt kent me al – ze hebben me op een video gezien en dan het is al duidelijk of we een klik hebben: wie ik ben in mijn video's, zo ben ik ook in het echt.

Waarom ik je dit vertel is dat je moet weten dat het logisch is om te denken: wie zit er nu op mij te wachten? En: waarom moet ik van de daken schreeuwen dat ik goed ben? Dat doet er allemaal niet toe. Als je jezelf ziet als een expert met een bak aan kennis en ervaring die hoognodig gedeeld moet worden omdat je er veel mensen mee helpt, en je gaat dat ook echt doen, dan zullen mensen je ontdekken en erachter komen dat ze wél op je zaten te wachten.

En jij hoeft het niet alleen te doen. Ik ga je daarbij helpen. Om te beginnen via dit boek. Want met mijn scripts sta je niet alleen zelfverzekerder dan ooit voor je camera, je kunt ook ontspannen in het hele proces. Als je script goed is, dan hoef je daar niet meer over na te denken bij het filmen. En, beter nog, ook niet als je je opnames gaat inkorten tot een vlotte, afwisselende video, tenzij je gewoon het hele script in één keer opnam, hulde, dat kan bijna niemand!

Terwijl jij dus ontspannen video's maakt en je andere werk doet, begint het groeien. Je bereik groeit, je aantal volgers groeit. Je voelt je, letterlijk en figuurlijk, gezien. En dat is terecht. Je wordt gezien als expert dankzij je video's, en met gezien worden komt ook onafwendbaar het benodigde zelfvertrouwen én die omzet waarnaar je streeft. Zo werkt video voor ondernemers. En daarom heet dit boek: *Ontspannen groeien als ondernemer met video marketing*. En dat begint nu!

Iene Lammers – Totus Training

Ik koos ervoor om video's te leren maken, omdat ik zin had om iets nieuws te doen op marketing-gebied. Ik heb van Elisabeth geleerd om echt één boodschap te vertellen in de video. Zo kom ik steeds meer tot de kern. En inmiddels ben ik verslaafd aan het maken van video's. Heerlijk om op deze manier verbinding te creëren met potentiële klanten.

Muriel van den Hazenkamp – Advocaat

Ik was al bezig met video en hoe dat zakelijk goed in te zetten en kwam Elisabeth in een van mijn zoektochten op internet 'tegen'. In mijn vak- gebied is het een uitdaging om wat ik kan delen en wat de kijker wil zien op elkaar af te stemmen. Elisabeth dwingt me om die focus te houden: willen de kijkers dit zien? Inmiddels vind ik video's maken ook echt leuk om te doen. En ik ben ervan overtuigd dat het nuttig is dat ondernemers op die manier toch al een beetje 'kennis' met mij kunnen maken waardoor de drempel om bij juridische vragen contact op te nemen lager wordt.

Kathleen Coppieters – Opvoeden in verbinding

Mijn ervaring met video: hoe meer je oefent, hoe beter het lukt en de eerste takes moet je vaak overdoen, omdat je nog niet in de juiste flow zit. Ik leer wat ik van Elisabeth heb geleerd ook aan mijn dochters, die voor school nu ook vaak video's of vlogs moeten maken, zodat zij hun video's wat kunnen opleuken. En ja, het blijft een kwestie van doen, uit de comfortzone komen en hoe vaker je video 'smaakt, hoe makkelijker het gaat.

Saskia Paerl – Saskia Zingt

Ik krijg graag les van een expert. Of het nu om dansen, zingen of wat dan ook gaat. En dat is de Videovakvrouw: een expert. Door haar scripts te volgen weet ik dat ik niet divergeer, maar ook niets nalaat. Met video kon ik een droom verwezenlijken: mijn eigen televisiestation zijn. Ik zal er niet mee stoppen.

Marjolijn van der Veeken – Mijn verhaal op film

Ik ben ervan overtuigd dat klanten willen zien en horen met wie ze zaken gaan doen. En video is daarvoor echt het beste middel.

**Olga van Maele
– Vaarvakanties De 4 vaargetijden**

De eerste stap is de moeilijkste: beginnen en doen. Beginnen met de belangrijkste video's die Elisabeth zo mooi voor ons op een rijtje gezet heeft was de beste manier om ook al aan het begin resultaat te boeken met meer zichtbaarheid. Daarna is en blijft het belangrijk om door te pakken, afhankelijk van je eigen doelen. Gelukkig is het ook doeltreffend gebleken om tijdens het drukke vaarseizoen enkel opnames te maken en die in het laagseizoen pas tot video's te verwerken. Na een tijdje vindt iedereen zo zijn eigen succesrecept.

Hoe meer video's je online zet, hoe meer mensen jou kennen, hoe sneller je nieuwe klanten krijgt. Een echt vliegwieleffect dus. Wil je dit samen doen? Neem dan gerust contact met me op om de mogelijkheden te bespreken:

devideovakvrouw.nl/contact

Je wordt gezien als expert dankzij je video's, en dan komt ook het zelf- vertrouwen én die omzet waarnaar je streeft.

Wie jou op video gezien heeft, ként je

Je hoeft er geen bekende YouTuber voor te worden, maar goede video's op je site en sociale media maken wel het verschil. Want wie jou ziet op video heeft het gevoel je te kennen, alsof jullie elkaar echt ontmoet hebben. Daarmee is de stap naar jou inhuren als expert of een product van je kopen veel kleiner, of je nou zzp'er of ondernemer met een groter bedrijf bent.

Met video vergroot je je bereik en netwerk. Je maakt je doelgroep bewust van je product en je trekt er nieuwe klanten mee aan. Klanten die, voordat jij ze ontmoet hebt, al besloten hebben dat ze iets van jou willen. Louter omdat ze het gevoel hebben je al te kennen.

Ik weet dat jij dit weet, want jij hebt nu dit handige boek in handen, waarmee ik jouw leven als ondernemer een stuk makkelijker maak. Ik ga je straks zeven verschillende video scripts geven, waarmee het bedenken en maken van video's een fluitje van een cent wordt.

**Het goede nieuws:
een video maken is niet moeilijk**

Met je smartphone is het zo gepiept. Je bedenkt van tevoren wat je wilt zeggen, drukt op de opnameknop en daar ga je. Na afloop knip je de bloopers eruit (of juist niet) en upload je de video naar waar je maar wilt: je website, YouTube, Instagram. Echt, zo makkelijk is het.

Dus als het voor jouw bedrijf essentieel is om gevonden te worden door nieuwe mensen, ook buiten je eigen netwerk – ga er dan zo snel mogelijk mee aan de slag!

**Het slechte nieuws deel 1:
één video is géén video**

Videomarketing gaat pas voor je werken als je regelmatig video's plaatst. Mensen moeten nou eenmaal regelmatig van je horen – je meer dan eens zien – willen ze je onthouden en denken: bij die wil ik wel wat kopen. Je moet als het ware 'inslijten' in hun geheugen. Ik zou willen dat ik kon zeggen: maak gewoon drie video's en klaar ben je. Maar dat zou een leugen zijn. Je hebt er minimaal tien nodig.

Het slechte nieuws deel 2:
je kunt dit niet vanzelf

Toen ik mijn video's ging maken koos ik voor de manier die ik kende – omdat het werkt: eerst bedenken wat je (ongeveer) wilt zeggen in je video, wat je doel is en wat je welke actie je kijker zou moeten ondernemen na het zien van de video. En dan pas gaan filmen. Tot mijn verrassing denken nog steeds veel ondernemers dat 'spontaan' de beste manier is om een video op te nemen. *Mistake. Very, very big mistake.*

Denk je dat tv-presentatoren zomaar van wal steken als de camera aan gaat? Nee, zij krijgen een script van de redactie, herschrijven de tekst zodat ze die gemakkelijk uit hun mond krijgen en oefenen dan voor de opnames.

Denk je dat 'voor de vuist weg wat vertellen' iets is dat je moet kunnen? Dat kan bijna niemand. De mensen die het wel doen denken dat spontaan 'echter' is, maar ze missen het belangrijkste: respect voor de tijd van je kijkers. En anders dan in een zaal: mensen kunnen gemakkelijk 'weglopen' bij een video. Niemand die het merkt, behalve jij, want jouw video's worden niet tot het einde (en je *call to action*) bekeken. Zodat jij al snel zegt: video werkt niet voor mij. Maar dat ligt dan niet aan video, en niet aan jou: het is puur de manier waarop je het doet die niet werkt.

Wist je dat er voor de video's die je ziet op televisie en internet ongeveer vijf* keer zoveel opnames gemaakt zijn dan die er in de uiteindelijke video terechtkomen? Wat je ziet van anderen is niet 100% spontaan, en dat is maar goed ook. Want jouw kijker wil wel die waardevolle kennis en verhalen, maar heeft geen tijd voor alle versprekingen en de even-de-draad-van-het-verhaal-kwijt-momenten. Zelfs de slappe lach van anderen gaat na een tijdje behoorlijk vervelen.

**) Vijf is een voorzichtige inschatting. Bij televisie is het vaak wel tien, maar daar zijn professionals aan het werk. Als ondernemer hoef je die mate van perfectie niet na te streven. Liever niet zelfs. Dat is goed voor je geloofwaardigheid en anders kom je niet meer aan je echte werk toe.*

Petra Deken – GetPincked

Toen ik bij jou aanklopte, worstelde ik met een
enorme presentatie- en camera-angst en bleef
ik maar drentelen op de duikplank. Ik wilde
graag aan de slag met video, omdat ik wist
dat het me zou kunnen helpen, maar ik durfde
gewoon niet. Tijdens de cursus bleek het maken
van video's niet zo erg als ik van tevoren had
gedacht. Je tips zijn praktisch, bemoedigend
en gaan niet alleen over de techniek, maar ook
over de inhoud. Je kunt je verplaatsen in iemand
die het nog spannend vindt, hebt veel humor en
zelfspot, bent motiverend en denkt goed mee.
Daarnaast heb ik in de groep andere inspirerende ondernemers ontmoet waar ik nog steeds
contact mee heb. Erg waardevol.

Carolien Poels – De Dyslexie Academy

Ik wist niet waar ik moest beginnen. Waarop moet ik letten? In welk programma ga ik editen? Hoe werkt editen überhaupt? Hoe zet ik er ondertitels onder? Hoe begin ik een YouTubekanaal? Hoe kom ik relaxed over? Het was een hele lijst met meer dan alleen technische details.

Ik leerde niet alleen over al deze technische handelingen en bijvoorbeeld hoe ik mijn informatie moet overbrengen, maar het ging verder. Over hoe je in de camera kijkt. Ik merkte dat ik ook graag in de natuur video's opneem, als variatie op video's in de praktijk. Mijn scripts werden in veel gevallen gehalveerd door Elisabeth omdat ik te veel informatie in een video wilde delen :) Het voordeel hiervan was dat ik gelijk stof had voor meerdere video's.

Een script, moet dat écht?

Ja! Je kunt ook een verhaal uit je mouw schudden. Omdat 'spontaan' klinkt als: echt. Ik snap het, echt, dat het zo lijkt. Je wilt in je video's zoveel mogelijk overkomen als je in het echt ook bent.

Toch is dat een hardnekkige fabel. In werkelijkheid is proberen om spontaan een video op te nemen een drama. Je video wordt saai en egocentrisch. Daarmee maak je dus juist géén reclame voor je bedrijf. En kun je je grote bereik ook wel op je buik schrijven.

Spontaan werkt gewoon niet – om twee redenen. Dit is waar het mis gaat:

1. Een kijker naar een video zit in een andere mindset dan iemand die jij 'live' spreekt. Een videokijker wil snel resultaat en heeft dus weinig geduld.

2.   Jij bent in gesprek met een echt mens an-
      ders dan voor een camera, want je krijgt
      geen directe reactie van je kijker, zoals je
      dat in een gesprek wel krijgt.

Je voelt het – en als jij het voelt, dan ziet iedereen die je video bekijkt het ook. Daarom bereid
je een video-opname voor. Hoeft niet ingewikkeld, hoeft geen uren tijd te kosten.

In dit boek vind je zeven verschillende scripts
voor video's die jij zelf kunt maken. Voor elke
situatie is er een script. Of je nou haast hebt, je
netwerk wil uitbreiden of een nieuwe training
wilt verkopen: ik heb er een kant-en-klaar script
voor dat ik met je ga delen.

Annie van Dongen – Coach Annie

Wat ik nooit had gedacht, gebeurde: ik vond video's maken direct erg leuk. Maar wel altijd met
een script! Probeer maar eens een mooie video
te monteren als je zomaar wat hebt opgenomen.
In jouw scripts zit al zoveel denkwerk, daar
maak ik graag gebruik van.

Iene Lammers - Totus Training

Een script is voor mij essentieel. Zonder script
sta ik met mijn mond vol tanden voor de camera.
Ik ben namelijk een coach en trainer die 'aan'
gaat in de interactie. Een script geeft houvast en
structuur. Tijdens het opnemen hoef ik niet meer
na te denken over wat ik moet zeggen. Pjiew.

**Olga van Maele
– Vaarvakanties De 4 vaargetijden**

Het hielp me enorm om met een doordacht script te werken. De voorbeeldscripts van De Videovakvrouw zijn een praktische leidraad en houden alles overzichtelijk. De kritische blik van Elisabeth helpt zeer zeker om het kort en to-the-point te houden.

Sabine Funneman – Het juiste verhaal

Een goed filmpje begint met nadenken. Werken met een script bespaart me enorm veel tijd. Ik denk na, schrijf het op, schrap en schrijf nog een beetje en intussen is het bij me ingedaald en spreek ik de video bijna volledig zonder haperen in. Het is heerlijk. Mijn bedrijf was niets zonder video. Ik heb al heel vaak het gevoel gehad dat mensen denken dat ze mij veel beter kennen dan ik hen. Ik ben een soort bekende van hen, of een vriendin. Dat scheelt een hoop in klantafstand.

Nicole Klip – Klip en Klaar Coaching

Een script geeft mij houvast. Het voorkomt dat ik eindeloos blijft doorpraten. Mijn video's hebben zo een helder begin, midden en eind, en, heel belangrijk, ze blijven kort. Bovendien helpt de voorbereiding om de opnametijd te verkorten, door je eerst te concentreren op wat je wilt vertellen. Ik had zelfs een keer mijn script thuis laten liggen (ik was naar het bos gegaan voor de opname), maar dankzij mijn voorbereiding kon ik toch snel mijn video opnemen.

Kathleen Coppieters – Opvoeden in verbinding

Zonder script ben je al snel de draad kwijt van je verhaal. Het helpt ook om echt tot de essentie te komen, de kern van wat je wilt vertellen in je video. Zonder scripts eindig ik steevast in 'oeverloos gezwets' en haken de kijkers af. Video heeft mij al klanten opgeleverd, mensen die met mij in zee willen gaan zonder dat ik eigenlijk echt moet gaan 'verkopen'. Video is ook goed voor de zichtbaarheid van mijn bedrijf, ik krijg er meer volgers door.

Astrid van Zelst – Kleur is kracht

Elisabeth hamert op het werken met scripts en
inmiddels ben ik daarvan ook overtuigd. Het is
super elangrijk om al nagedacht te hebben over
wat je wilt vertellen, welke vraag je wilt beantwoorden en wat je wilt laten zien van, in mijn
geval, beeldend werken. Buiten opnemen is ook
steeds leuker geworden.

Het script geeft mij enorm veel houvast tijdens
het opnemen. Tegelijkertijd vind ik het nog
steeds heel lastig om veel tekst te onthouden.
Dit betekent dus dat ik in kortere stukjes opneem en dit in de montage weer rechttrek. Het
is superleuk om later reacties terug te horen van
kijkers. Nog leuker is het om iemand tegen te
komen die jou herkent van je video's op je You-
Tubekanaal. Ze hebben je dan al vaker gezien
en gehoord en kennen én herkennen jou. Ik ben
nog steeds superblij met mijn videomarketing-
avontuur!

Miranda Wedekind
– specialist digitale geletterdheid met kleuters

Het maken van een script helpt zeker om betere video's te maken. Zonder script wordt mijn video veel te lang en staat er overtollige informatie in. Met een script zit er een goede opbouw in en is de informatie to-the-point! Ik heb van Elisabeth geleerd hoe ik goede video's maak vanuit een script. Daarnaast weet ik nu hoe ik een video op verschillende manieren aantrekkelijker kan maken (door tussenbeelden, door iets te doen waar je naar blijft kijken).

En vooral heb ik van haar geleerd dat video's maken gewoon leuk is en dat je in relatief korte tijd weer een video helemaal klaar hebt en op YouTube kunt plaatsen.

Bereid een video-opname altijd voor.
Hoeft niet ingewikkeld, hoeft geen uren
tijd te kosten.

De kracht van video
– die voor iedereen werkt

Ooit werkte ik bij 'de televisie'. In het prille
begin als video-editor: ik knipte en plakte de
ganse dag televisieprogramma's in elkaar. Elke
dinsdagavond was ik op het Hilversumse Media-
park aan het werk. En elke week kwam ik daar
in het trappenhuis dezelfde vrolijke man tegen.
Een kennis, dacht ik. Dus ik groette vriendelijk:
'Hé hoi!' En hij groette even vriendelijk terug.
'Hoi!'

Pas na maanden kwam ik erachter dat die vro-
lijkerd helemaal geen kennis van me was. Dat
we elkaar zelfs nog nooit gesproken hadden. Hij
bleek de weerman te zijn, elke dinsdagavond op
weg naar zijn werkplek bij het achtuurjournaal.
Ik kende hem dus alleen van het beeldscherm.
De kracht van video werkte toen en die werkt
nog steeds. Dat kan dus ook voor jou.

Later was ik regisseur. Ik ging op reis met
tv-presentatoren en ik verbaasde me erover

hoe zij door wildvreemden werden benaderd.
'Je bent al de tweede vandaag!', riep iemand dan
tegen presentator W. Hij had namelijk nét André
Hazes gezien. Dat was ook al zo'n bekende
Nederlander.

Ook ik word weleens herkend

Zeker eens per jaar hoor ik: 'Hé, Videovakvrouw!', soms als ik buiten een filmpje opneem. Dat komt dan van een voor mij volslagen
vreemde. Ik word opgebeld door mensen die mij
kennen van mijn video's. Als ik bij een cursus of
event kom, is er altijd wel iemand die me kent.
Ik hoef zelden mensen over te halen om een van
mijn cursussen of trainingen te doen.

**Werkt het voor jou net zo goed – ook als je nog
niet handig bent met video?**

Ja. De kern van wat ik doe heeft niets met video-
techniek te maken. Die kern is mijn verhaal,
dat al typend ontstaat. Daar worden de video's
'geboren' die door meer mensen gezien worden
dan ik ken of ooit zal ontmoeten. Daarom weet ik
zeker dat jij het ook kunt.

Video kan iets dat tekst alleen niet kan

Dat mensen je *kennen* is één ding, ze moeten ook nog voor je *kiezen*. En daar zit meteen het grote voordeel van video boven geschreven tekst en foto's. Want met een video bouw je snel vertrouwen op. We kiezen nu eenmaal wie we kennen: iemand die we gezien hebben en in de ogen hebben gekeken. Zo zitten mensen in elkaar. Als je video's gebruikt om je product en je bedrijf bekend te maken, maak je gebruik van dat effect.

Patrick Strijker – TrailerPlus

In het begin lachten anderen mij uit om mijn video's. Nu ik zo'n drie jaar stug volhoud, zien ze toch ook meer en meer wat het doet. Reacties op feestjes van vage kennissen, reacties van klanten of bijna-klanten. Zolang ze maar over me praten en er een klein glimlachje bij komt, ben ik al blij.

Ze herinneren mij dan met een blij gevoel immers. Dat is alvast de eerste stap.

Op een camping aan het Gardameer werd ik ineens nageroepen. 'Hé Patrick, dat ben jij toch van die video's?' Tsja, bleek het een klant te zijn die me al bijna drie jaar volgt. Ik heb een leuk gesprekje in Italië gehad en kreeg voor mezelf de bevestiging dat het inderdaad tóch blijft hangen. Mijn vrouw was er bij, dus ik had ook meteen een getuige ;-)

Naar aanleiding van de tips, de training en de trucs van een bekende YouTubende schilder (of was het nou schilderende Youtuber) ben ik onlangs ook begonnen met TikTok. Een wat jonger videoplatform, met jongere kijkers. Maar waarschijnlijk wel mijn toekomstige doelgroep. En ook daar gaan de video's best leuk. Sommigen veel minder dan anderen, maar dat blijft altijd gokken en testen.

De beste tip die ik anderen kan geven: begin, meet en houd vol. Een marathon begint ook niet met vijf mijl, maar met een eerste stap!

Astrid Moors – de visuele orde

Ik heb een YouTube-kanaal waarop ik elke drie weken een video plaats. Ik krijg niet veel reacties onder mijn video's, maar ik merk wel dat mensen me kennen. Mijn schoonzusje nam flyers van me mee naar een verjaardag en kreeg de reactie van haar zus: 'Maar die volg ik allang op YouTube!' Ik had er geen idee van. Daarnaast brengt het maken van video's me dat ik beter uit mijn woorden kom als ik moet vertellen over een kunstwerk, want ik heb in een video erover mijn gedachten al geordend.

Vilan van de Loo – De Indische Schrijfschool

Als ik iets heb geleerd van De Videovakvrouw dan is het dit: doe vooral wat ze zegt. Elisabeth zei: 'Maak een script voor je video.' En ik dacht: dat is iets voor mensen die slecht uit hun woorden komen, ik heb dat niet nodig, want ik praat gemakkelijk, en ik geef ook lezingen. Dus. Toen ik mijn opname terugkeek, zag ik mezelf als druk pratend vrouwtje, een kip zonder kop, het ging nergens over, het was alleen veel geluid. Daarna maakte ik een script. Dat scheelde, inderdaad.

Elisabeth zei: 'Zaterdag is de cursusdag "Leren monteren."' En ik dacht: dat wijst zichzelf, hoe moeilijk kan het zijn, ik zit mijn halve leven al aan de computer. Die zaterdag was ik degene aan wie alles drie keer uitgelegd moest worden. Dat deed Elisabeth. En ja, toen leerde ik meer dan ik dacht.

Zo was er meer. Ik leerde ook wat leren is: ontdekken dat een ander het beter weet en kan dan ik. Sindsdien heb ik heel wat video's gemaakt en gemonteerd. Nu kennen veel mensen me daarvan. Inderdaad, dat zei Elisabeth ook al.

Annie van Dongen – Coach Annie

Ik ontmoette iemand op de ledendag van de beroepsvereniging die bij hoog en bij laag bleef beweren dat we elkaar eerder hadden gezien. Ik had géén idee. Totdat ze uren later naar me toe komt: ik ken je van je video's! Het bewijst dat je dus het gevoel hebt dat je elkaar kent. Ik heb mijn netwerk dankzij mijn video's op LinkedIn enorm uitgebreid; dat leverde veel gesprekken op én verwijzingen naar mij.

Jenny Peters – Midlife Pitstop

De scripts van Elisabeth en haar begeleiding hebben mij geholpen aan betere video's. Ik krijg zelfs reacties van onbekende mensen. Maar nog belangrijker: ik heb er klanten door gekregen. Zij gaven aan dat zij door de video contact met me hebben opgenomen. Ik ben zelfs een YouTube-kanaal gestart! Ik voel me nog een beginner, maar merk dat mijn video's beter worden. Met video heb ik het gevoel dat ik mijzelf en mijn bedrijf veel beter onder de aandacht kan brengen. Video is krachtige marketing voor mij.

San van Doorn – Passie voor Honden

Het maken van video's heeft me meer klanten en een expertstatus opgeleverd. Ik heb nu een wachtlijst voor de speurtrainingen en vul mijn agenda makkelijk. Ik koos ervoor om te leren hoe ik goede video's kon maken omdat ik mijn tips op hondengebied en vooral over speuren en zoekwerk met meer mensen wil delen.

Speuren en zoekwerk zijn nog steeds redelijk onbekend en door de video's wil ik daaraan meer bekendheid geven.

Suzanne Kuijer – Geluk op het Water

Mijn YouTube-kanaal groeit steeds verder. Ook krijg ik boekingen van mensen die mijn video's hebben gezien. Echt een aanrader!

Wat heb je nodig om goede video's te maken?

Mijn telefoon gaat. Of ik bij een organisatie een training wil geven van een uur. 'Als jij ze de basic techniek leert, kunnen medewerkers straks vloggen voor ons bedrijf.' Leuk idee, is mijn antwoord, maar ik denk niet dat het zo gaat werken.

Natuurlijk kun je in een uur leren hoe je een kort filmpje maakt. Een camera aanzetten kan iedereen. Maar weten hoe het moet is niet genoeg. Voor succesvolle videomarketing heb je meer nodig dan kennis alleen.

Videomarketing vergt commitment

Overnight succes is een droom die slechts voor weinigen bewaarheid wordt. De bekende vloggers, YouTubers en natuurlijk de ondernemers die omzet halen uit hun videomarketing zijn doorzetters. Kijk maar eens op hun kanalen: er staan heel veel video's op. En check dan vooral hun eerste tien video's (als die er nog op staan

tenminste). Die zijn vaak helemaal niet zo goed.
Tenenkrommend slecht soms. En toch gingen ze
door, en zijn ze nu beroemd.

Behalve die grote productie hebben ze namelijk nog iets gemeen: *commitment.* Ze wilden
er per se een succes van maken. Na die eerste
tien werd het gelukkig makkelijk. Want als je er
eenmaal tien gemaakt hebt, blijkt het versla-
vend leuk te zijn om via video je visie, mening
en ervaring te delen, en reacties en respons te
krijgen.

Je moet beter willen worden

Het maken van die eerste tien video's is een proces waarin je een heel steile leercurve opklimt.
Stap voor stap gaat het beter. In elke volgende
video die je maakt ben je meer ontspannen. Dat
zien bij jezelf is op zich al een beloning.

Om die leercurve vol te houden is het ook belangrijk dat je een innerlijk vuurtje hebt. Drijf-
veer en ambitie om vooruit te komen met je
bedrijf. Jij wilt immers je klanten helpen, dus
moet je ze zien te bereiken. Die energie kun je
gebruiken om echt iets goeds te maken van je

video's. Dat maakt dat je doorzet en wil leren om het steeds beter te doen. Hoe kun je het in een volgende video nóg helderder zeggen? Hoe kun je het nog wat strakker monteren?

Misschien lijkt dit nu ingewikkeld, maar in de praktijk valt het erg mee. Wil je niet in je eentje alle beginnersfouten maken, laat je dan helpen. Neem dan gerust contact met mij op om de mogelijkheden te bespreken: devideovakvrouw.nl/contact

Je hebt de goede spullen nodig

Vaak doen mensen hier heel moeilijk over. Niet doen. Je hebt echt maar een paar spullen nodig:

- Smartphone.

- Goed statief als je staand of zittend je video's op wil nemen.

- Stevige lange selfiestok als je lopend gaat filmen.

- Microfoon met een lange kabel.

Wil je hierover meer weten, kijk dan op mijn site voor up-to-date informatie over de beste microfoons en andere apparatuur:
<u>devideovakvrouw.nl/spullen</u>

Je hebt een script nodig

Video´s van anderen zien er vaak spontaan en simpel uit. Alsof ze zo uit de losse pols gefilmd zijn. Maar geloof me: dat is allemaal schone schijn. De beste – dus zowel effectieve en informatieve als leuke – video's zijn eerst bedacht en in een script uitgeschreven, en pas daarna gemaakt.

Met een script werken betekent simpelweg dat je vooraf beslist welke waardevolle informatie je in je video wilt geven. En vooral: hóé je dat doet. Want om de aandacht van je kijker te trekken én vast te houden moet je snel zijn. Je moet je kijker vanaf seconde één je video 'intrekken'. Anders verliest hij z'n aandacht. En dan mist hij de informatie die jij in je video geeft en dus ook jouw uitnodiging tot actie, om bijvoorbeeld contact op te nemen. Door vooraf op te schrijven wat je wilt gaan zeggen, voorkom je een boel ellende voor je kijker: doelloos wachten en lukraak raden waar je video over gaat. En uiteindelijk klikt 'ie geïrriteerd weg: wéér zo'n vage video. Dat wil je niet.

Kost het niet veel tijd?
Nee! Het bespaart juist tijd

Van tevoren bedenken wat je gaat zeggen kost inderdaad tijd. Maar de tijd die je neemt om vóór je opnames rustig na te denken en je verhaal te noteren betaalt zich terug in snellere opnames en vooral vliegensvlugge montage van je video. Dus uiteindelijk levert het je tijd op.

Kortom: als jij van tevoren de inhoud en volg-orde van je video bedenkt, wordt je video leuker om naar te kijken en maak je het jezelf makke-lijk.

Je bent er nu bijna!

Commitment, beter willen worden, een beetje basiskennis en de juiste spullen – als je dat in huis hebt, ben je er bijna. Video's zijn namelijk nooit succesvol doordat het geluid zo perfect is of het beeld zo stabiel. Het gaat om de inhoud, die moet klinken als een klok. Daarmee krijg je

kijkers en kopers. En om je daarmee te helpen is er dus dit boek. Hierin vind je de scripts voor video's die jouw kijkers zullen raken. Weet je nu al dat je een cheerleader nodig hebt? Ik ben er voor je. Neem contact met mij op om de mogelijkheden te bespreken:
devideovakvrouw.nl/contact

Annie van Dongen - Coach Annie

Met nadenken kom je geen stap verder, je moet doen! En Elisabeth neemt je echt bij de hand, stimuleert je, motiveert je. Dat is de enige manier om in beweging te komen. Of denk na over de vraag: wat gebeurt er met mijn bedrijf als ik niét verder ga met video? Deze laatste vraag gaf voor mij de doorslag.

**Jeannette Grootendorst-Nijhuis
- Yoga met Jeanette**

Het voelde alsof ik langzaam steeds dieper wegzakte in het moeras dat video's heet. Iedere keer dat ik een stap zette, werd ik meer vastgezogen. Door de tips van Elisabeth kreeg ik steeds meer vaste grond onder mijn voeten. Haar praktische tips helpen mij om stap voor stap daadwerkelijk de video's te maken waar de mensen naar blijven kijken. Vooral het vooraf uitwerken van een videoscript heeft mij enorm geholpen om de video's ook echt op te nemen.

Iris Boonstra – spiritueel businesscoach voor vrouwelijke Lichtwerkers

Het maken van video's voor mijn website en marketing bleef ik maar uitstellen. Ik wist dat ik er 'iets' mee moest doen om beter zichtbaar te worden. Maar het bleef bij plannen maken. En met de superfijne hulp van Elisabeth is video nu een krachtig onderdeel van mijn marketing (inclusief Youtube-kanaal). En ik geniet er eindelijk van, om video's voor mijn doelgroep te maken!

Bepaal altijd
eerst het doel
van je video.

Hoe werk je met een videoscript?

Bepaal wat voor video je wilt maken

Kies eerst een van deze kant-en-klare scripts. Ik leg ze stap voor stap uit. Wat is het doel van je video?

1. Wil je dat mensen contact opnemen? Maak een Contactpagina-video. *

2. Ga je iets leuks doen en wil je snel iets laten zien? Maak snel een 3-shots-video *

3. Krijg je steeds dezelfde vraag? Maak een FAQ-video**

4. Wil je je netwerk uitbreiden? Maak een Geef-een-handige-tip-video**

5. Wil je meer betrokken kijkers? Maak een Verloot-een-cadeau-video**

6.   Heb je een product te koop?
        Maak een Verkoop-je-product-video***

7.   Wil je dat mensen je beter leren kennen?
        Maak een Zero-to-hero-video****

Aan het aantal sterretjes bij de naam zie je de moeilijkheidsgraad van script en de bijbehorende video. Sommige video's zijn gewoon sneller gemaakt dan andere, vanwege denkwerk, lengte en doel van de video. Begin je net met video? Start dan met 1 of 2 sterren en stel de andere video's nog even uit. Heb je al meerdere video's en heb je zin om nu een echt krachtige video te maken, ga dan meteen voor de Zero-to-hero-video.

Uitleg sterrensysteem

1 *   Korte video die weinig denkwerk en geen ingewikkelde shots en montage van je vraagt.

2 **   Trek een half uurtje uit om een script te schrijven. Je zult dit gemakkelijk kunnen vertellen, dan duurt het filmen niet lang en als je je aan het script houdt heb je deze video met een paar keer knippen en deleten in elkaar gezet.

3***   De meeste mensen vinden een echte verkoopvideo wat lastiger op te nemen omdat er voor hun gevoel meer vanaf hangt, daarom deze drie sterren.

4****   Dit script vraagt meer denkwerk, want het kiezen van het goede 'zero-moment' is belangrijk en de rest van het script bouwt daarop voort. Neem er de tijd voor, slaap er een nachtje over en ga dan pas filmen. De extra tijd die je in deze video steekt betaalt zich gegarandeerd terug in bereik en volgers.

Schrijf het videoscript uit

Een videoscript uitschrijven kun je woord voor woord doen of in steekwoorden. Als je het letterlijk doet, betekent het niet dat je het ook zo van het papier moet voorlezen. Je bent geen nieuwslezer! Je kunt delen ervan uit je hoofd leren of een spiekbriefje in je hand houden.

Nadat je het script hebt uitgeschreven, bepaal je of je je video in één keer opneemt of in gedeeltes.

Als je ervoor kiest je script per alinea op te nemen heb je het makkelijk. Je hoeft steeds maar één deel (een paar zinnen) te onthouden. En je kunt je presentatie en energie aanpassen aan wat je zegt. Al die losse delen kun je later simpel achter elkaar zetten in een montageprogramma of app. Of je laat het doen door een video-editor.

Ginny Nijman – Nijman Corporate Coaching

Ik werkte zonder script en deed alles uit mijn hoofd. Het gevolg: ik had veel werk met de montage achteraf. Het schrijven van een goed script is echt een kunst. Ik ben er wel van gaan houden, want het geeft focus. Mijn boodschap wordt krachtiger en het scheelt bakken montag-etijd. De feedback van Elisabeth hielp mij enorm. Nu er een boek is met voorbeeldscripts, ben ik helemaal blij. Ik gebruik het nog regelmatig als handig naslagwerk.

Marjolijn van der Veeken – Mijn verhaal op film

Als videomaker wist ik al veel van video's maken voor anderen, maar video's maken voor mezelf over mijn eigen bedrijf, dus videomarketing, vond ik een ander verhaal. Met de verrassende scripts van Elisabeth heb ik daarvoor al veel nieuwe inspiratie gekregen. Wat ik heb gemerkt op Lin-kedIn is dat de video's die ik onder begeleiding van Elisabeth heb gemaakt veel beter scoren dan mijn blogs en eerdere video's. En dat ik reacties krijg van mensen die ik niet ken. Hoe leuk is dat!

Saskia van der Elst – De Toneeljuf

Toen je over scripts begon, dacht ik eerst eigen-
wijs: dat kan ik wel. Of, erger nog: ik weet niet
of ik dat wel nodig heb. Vanaf het moment dat
ik begreep waarom een script videoreddend is
doe ik het niet meer zonder. Ook niet als ik live
ga op Facebook. Ik zorg dat ik eerst een script
heb bedacht volgens jouw methodiek. Dat zorgt
ervoor dat ik niet in het wilde weg sta te oreren,
maar dat ik echt iets zeg waar anderen iets aan
hebben. De opnames zijn vele malen beter en
sneller gemaakt. Het scheelt dus in tijd en in
resultaat.

Videoscripts en voorbeeldscripts

Op de volgende pagina's maak je (eindelijk!) kennis met de 7 scripts. Ze komen recht uit mijn ervaring van het werken met video en ondernemers. Ze zijn dus beproefd en werken als een tierelier. Ik leg je eerst uit wat een bepaald videoscript is en wanneer en hoe je het kunt gebruiken. Dan vertel ik je de onderdelen waaruit het bestaat. En om het je helemaal makkelijk te maken, geef ik je per videoscript ook een uitgewerkt voorbeeldscript. Die kun je downloaden via devideovakvrouw.nl/voorbeelden. Laat je erdoor inspireren, het helpt je bij het uitwerken voor jouw eigen doelgroep.

Kort maar krachtig. Laat jezelf gewoon even zien.

Script 1.
De Contactpagina-video*

Wat is het?

Een Contactpagina-video is een korte maar krachtige video op – inderdaad – de contactpagina van je website.

Wanneer maak je zo'n video?

Je maakt deze video speciaal voor bezoekers van je website die erover denken om je te mailen of een formulier in te vullen. Maak deze dus zodra je een website hebt! Je kunt zo'n korte krachtige video ook maken voor op een bedankpagina, voor mensen die een bestelling op je website hebben gedaan.

In de video doe je aan verwachtingsmanagement. Je legt de kijker uit wat er gaat gebeuren nadat ze je een mail gestuurd of je product gekocht hebben. Dat geeft vertrouwen. Je kijker voelt zich gezien en is straks nóg blijer met zijn aankoop of de eerste stap naar contact.

Wat doe je voordat je gaat schrijven?

Voordat je gaat schrijven neem je een moment om je in te leven. Voel hoe leuk het is dat er iemand is die meer wil weten – die contact wil! Die blijdschap horen we graag doorschemeren in de tekst en zien we graag terug in de video.

Videoscript contactpagina-video

1. Bedank je kijker voor de ondernomen actie.

2. Leg uit wat de volgende stap is.

3. Vertel hoe lang hij moet wachten voordat hij iets van je hoort.

4. Vertel wat hij in de tussentijd alvast kan doen om zich voor te bereiden.

5. Neem vriendelijk afscheid.

Download een voorbeeldscript van deze contactpagina-video via <u>devideovakvrouw.nl/voorbeelden</u>

Hoe lang is deze video?

De video is superkort! Meestal rond de minuut.

Wat vinden kijkers van deze video?

Prima dat deze video kort is, want het is een vriendelijk contactmoment dat je kijker aanmoedigt op het moment dat hij misschien wel aarzelt: 'Zal ik het wel doen?' Deze video geeft de doorslag: hij doet het.

EXTRA TIP

Deze video kun je in één shot opnemen, of in meerdere. En je kunt deze video gewoon opnemen op je werkplek, vanachter je bureau.

Script 2.
De 3-shots-video*

Wat is het?

Een 3-shots-video is een korte video die uit
slechts uit drie simpele shots bestaat. Handig
om deze uit te proberen als eerste video of als je
weinig tijd hebt. Zo'n video is simpel en heel snel
gemaakt. Je neemt drie stukjes video op: een
begin, een midden en een eind. Die zet je later
achter elkaar met een videomontage-app.

Wanneer maak je zo'n video?

Je kunt deze video maken als je ergens naartoe
gaat wanneer dat te maken heeft met je bedrijf.
Bijvoorbeeld een event, een vergadering of een
opening. Je geeft je kijkers een kleine blik achter de schermen en je deelt waardevolle kennis
op een toegankelijke manier.

Hoe bereid je dit voor?

Bedenk van tevoren een vraag. Zoals: gaat
het lukken om een overeenkomst te sluiten?
Wat gaan mijn cursisten straks noemen als het
belangrijkste inzicht van deze dag? Kom ik nog
thuis voor de file? Deze vraag geeft de video zo
spanningsboog die je kijkers vasthoudt tot het
einde.

Videoscript 3-shots-video

1.   Vertel wat je gaat doen en laat zien waar
        je bent. Roep nieuwsgierigheid bij je kij-
        ker op door een vraag te stellen.

2.   Laat kort iets zien van wat je beleeft en
        ziet (één of twee shots zijn genoeg).

3.   Geef het antwoord op de vraag uit het
        beginshot als je weer buiten bent. Liefst
        met het gebouw waar je net was op de
        achtergrond.

Wat vinden kijkers van deze video?

Deze video is kort en het bekijken kost niet veel moeite: een ontspanmomentje voor een kijker dus! En tegelijk leuk om even met jou mee te kijken. Na het zien van deze video heeft je kijker het gevoel met jou op pad te zijn geweest. Er is nu letterlijk beeld van wat jij zoal doet. Dat maakt de drempel om contact met je op te nemen vele malen lager dan toen jij nog in je ivoren toren geheimzinnig zat te doen. Mijn cursisten die deze video maakten kregen veel positieve reacties op bijvoorbeeld LinkedIn.

EXTRA TIP

Zet in een montage-app de drie shots achter elkaar. Dit kan prima op je smartphone. Zet een muziekje onder het tweede deel en klaar ben je! Snel te publiceren en hartstikke leuk voor je kijker.

Jacqueline Welbers – LOVELYDAY

Video's maken is in deze tijd waanzinnig nood-
zakelijk voor kennismaking en verbinding. Het
maken van een script is een hele uitdaging in het
begin, maar dan gaat er ook een wereld voor je
open. Met een script als leidraad maak je een-
voudig spontane, inspirerende en kloppende
video's.

Nynke de Jong – operazangeres en zangcoach

Elisabeth liet mij zien waar ik me korter en
krachtiger kon uitdrukken. Ook hielp ze mij met
het verscherpen van mijn focus. Mijn YouTube-
kanaal is daardoor uniek en groeiend. Het aantal
leerlingen van mijn zangschool is binnen an-
derhalf jaar verdrievoudigd. Daardoor kon ik
ook m'n prijs aanpassen. Wie echt les bij mij wil,
heeft daar wat voor over!

Ilse Westdijk – Kidsabilities

Het voorbereiden van mijn video-opnames door
een script te maken heeft mij structuur gebracht
in het vertellen van mijn verhaal. Verhalen
die echt ergens over gaan, en video's die mijn
potentiële klanten echt raken. Ik heb zo veel
meer zelfvertrouwen gekregen voor de camera.

Helen Meurs – Handpopcoach.nl

Ik maakte kennis met Elisabeth via een gratis minicursus over videomarketing. In de tweede les van de minicursus wist ik al dat ik haar hulp goed kon gebruiken. Daarin had ze het over het belang van een goede voorbereiding. Op mijn YouTubekanaal stonden al meer dan honderd filmpjes, maar die hadden niet het effect dat ik wilde. Ik deed iets niet goed, maar waar het 'm precies in zat, ik zag het niet. Elisabeth legde vrij snel de vinger op de zere plek: het ontbrak bij mij aan een plan en aan structuur in de video's die ik opnam. Elisabeth is lekker no-nonsense, ze zegt gewoon wat je moet doen om een goede video te maken en wijst je de weg in de videomarketing. Mijn video's zijn er echt beter door geworden. Door het script sta ik rustiger en zelfverzekerder voor de camera; ik weet wat ik wil vertellen.

Hoe meer video's je online zet, hoe meer mensen jou kennen, hoe sneller je nieuwe klanten krijgt. Een echt vliegwieleffect dus. Wil je dit samen doen? Neem dan gerust contact met mij op om de mogelijkheden te bespreken: devideovakvrouw.nl/contact

Script 3. De FAQ-video**

Wat is het?

Een FAQ-video is een video waarin jij antwoord
geeft op de veelgestelde vragen die je krijgt.
Als je die in een video beantwoordt, bespaar je
jezelf een boel werk. Want de volgende persoon
die een van die vragen stelt, verwijs je gewoon
naar je video: daar staat alles.

Achter alle mensen die jou een vraag stellen
staat een nóg grotere groep die jou die vraag
niet durven te stellen. Maar die er wél mee
rondlopen. Dus je doet een heleboel mensen
een plezier met zo'n video (en bespaart jezelf
dus tijd en energie).

Wanneer maak je zo'n video?

Zelfs al zou je verder geen video's maken:
FAQ-video's moeten er komen, zo snel mogelijk.
Ze helpen je om online gevonden te worden, ze
helpen je om van kijkers klanten te maken. En
ze helpen je aan tijd, want deze vragen hoef je
als de video er is, niet meer elke keer opnieuw

te beantwoorden. Dit soort video's zijn de basis, dus heb je ze nog niet, begin dan meteen met het maken van zoveel mogelijk video's waarin je vragen beantwoordt. Het gaat hier vaak om simpele, praktische vragen waarvan je zelf denkt: nou nou, dat weet iedereen toch wel? Er is een enorme kloof tussen wat jij allemaal weet en wat je doelgroep weet. Die overbrug je met deze FAQ-video's. En daarmee versterk je het vertrouwen dat je doelgroep in je heeft. Precies het vertrouwen waardoor de keuze voor jou (en niet voor je concurrenten) makkelijker te maken wordt.

Wat doe je voordat je gaat schrijven?

Dit is een van de makkelijkste video's om te maken. Wanneer een vraag je al vaak gesteld is, kan je het antwoord vast zó oplepelen. Je hebt er wel wat voorwerk voor nodig.

a.   Check je mail en je notities.
        Welke vragen krijg jij vaak?

b.   Kies de beste vraag die je nu wilt beantwoorden.

c.   Schrijf het script.

Videoscript FAQ-video

1.   Zeg letterlijk wat de vraag is.

2.   Vertel wat je denkt of voelt wanneer je
        deze vraag krijgt.

3.   Zeg: 'In deze video geef ik het antwoord
        op deze vraag en ik heb een leuke vraag/
        opdracht/uitdaging voor jou!'

4.   Stel jezelf kort voor: wie ben je en wat
        bereiken je klanten dankzij jouw hulp?

5.   Vertel dat je deze vraag heel vaak krijgt
        en waarom je denkt dat dat zo is.

6.   Vertel of er voor die vraag een simpel
        antwoord is of niet.

7.   Geef het antwoord op de gestelde vraag.

8.   Stel je kijker een vraag terug of geef
        een opdracht en nodig uit ervaringen te
        delen.

Download een voorbeeldscript van deze FAQ-
video via devideovakvrouw.nl/voorbeelden

Hoe lang is deze video?

De meeste van de acht stappen zijn maximaal
één of twee zinnen. Alleen bij punt 7 mag je
langer vertellen. Een FAQ-video volgens dit
script zal tussen de tweeënhalve en drieënhalve
minuut duren. Je maakt een kortere versie van
deze video door punt 2, 5 en 6 weg te laten.

Wat vinden kijkers van deze video?

Deze video zal precies aansluiten op waar
mensen uit jouw doelgroep naar op zoek zijn. Je
kijker zal denken: hoe kan het dat precies mijn
vraag beantwoord wordt in deze video? Het lijkt
alsof je je kijker kent en precies weet wat hem of
haar bezighoudt. En dat klopt! Jij weet dat veel
mensen met die vraag rondlopen, want die krijg
je vaker. Van elke vraag die je vaker dan twee
keer krijgt weet je: er zijn nog honderden mensen die dit ook willen weten. Misschien zelfs
miljoenen. Mooi dat jij daar dus een video over
maakt!

EXTRA TIP

Schenk bij het schrijven van je scripts speciale aandacht aan het begin: maak het helder en krachtig. Jezelf nog uitgebreid voorstellen of een vaste video-opening met animatie of muziek helpt je niet aan meer kijkers, klanten of meer waardering. Als je het gevoel hebt met de deur in huis te vallen is dat een goed teken. Zo zou je het in het echt misschien niet doen, maar zo werkt online video het beste.

Val gewoon lekker met de deur in huis.

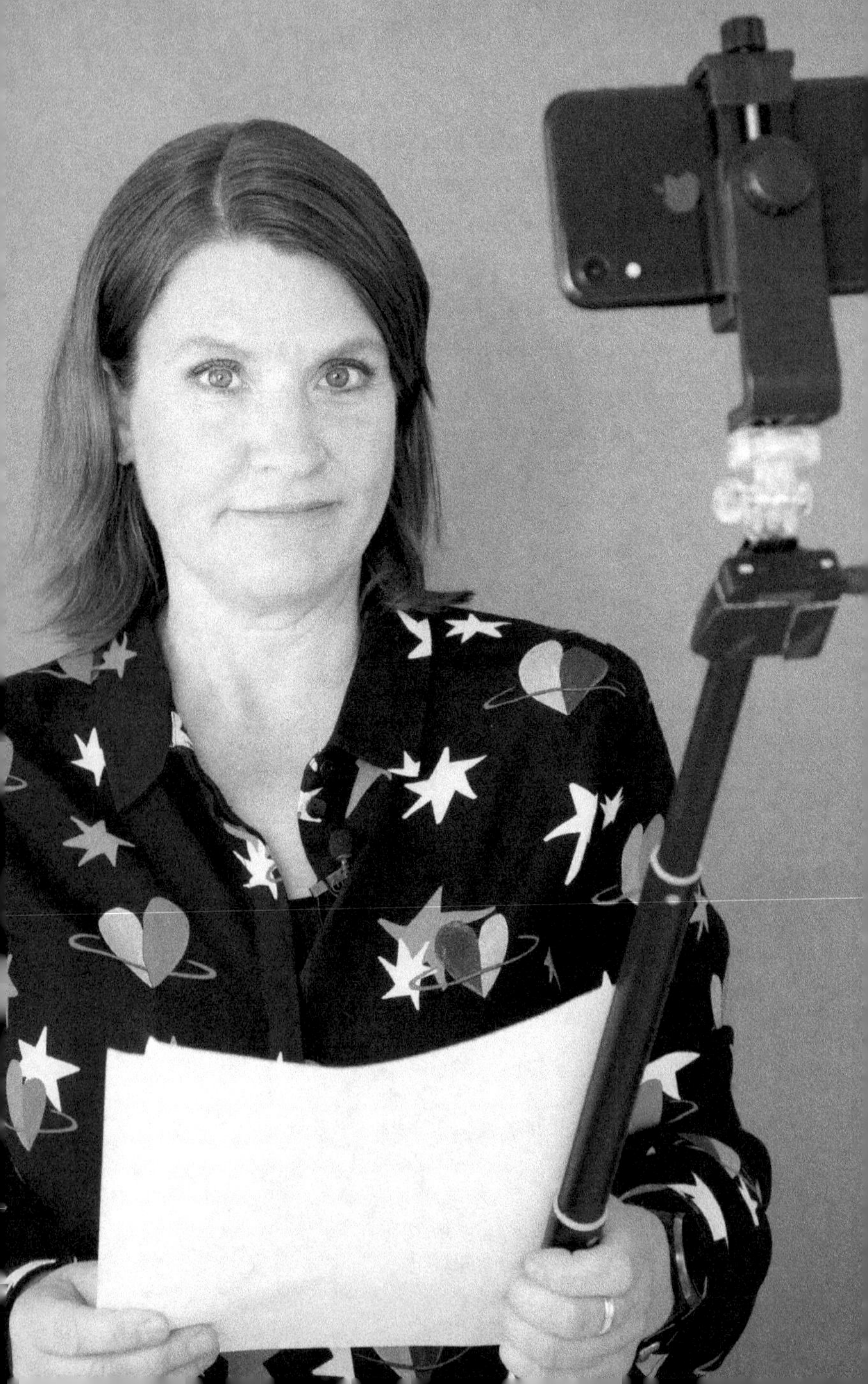

Script 4.
De Geef-een-handige-tip-video**

Wat is het?

Een video waarin je de mensen uit jouw doelgroep iets nuttigs vertelt, iets wat ze zelf meteen kunnen toepassen. Dat is altijd een goed
uitgangspunt: je komt namelijk iets brengen;
jouw video is een klein cadeautje voor je kijker.
Dat maakt een win-win-situatie: je kijker is blij
met de tip of het inzicht, en jij voelt je minder
'verkoperig': je komt niet met lege handen. Jouw
kennis is waardevol!

Wanneer maak je zo'n video?

Dit soort video's plaats je het liefst regelmatig.
Hier deel je kennis die voor jou bijna vanzelf-
sprekend is, en die de meeste mensen toch niet
hebben. Eén goede tip kan al een leven veranderen. En wie jouw video gezien heeft weet
het: deze persoon heeft verstand van zaken. Ik

raad je dus aan om een lijst te maken van zoveel mogelijk tips en ideeën die je zou kunnen delen in video's, en dan eens per week, twee weken of maand zo'n video te maken. En die hoeft niet lang te zijn, liever niet zelfs.

Wat doe je voordat je gaat schrijven?

Kies wat je precies wilt delen: wat moet de kijker (je toekomstige klant dus) nu weten om alvast een heel klein beetje dichter bij het doel te komen?

In een blogartikel kun je gerust vijf tips geven, maar doe dat niet in je video. Beperk je tot één tip per video. Meer tips onthoudt je kijker niet. Sterker nog: je kijker voelt zich dan overladen met informatie en schakelt weg voor het einde. Als je nog een tip wil geven maak je gewoon weer een volgende video.

Videoscript
Geef-een-handige-tip-video

1. Benoem het probleem dat je met jouw tip oplost. Met een vraag, door iets te laten zien, of door over je eigen ervaring (irritatie, wanhoop?) te vertellen.

2. Zeg dat er een oplossing is en dat je die in deze video vertelt.

3. Stel jezelf kort voor: hoe heet je en waarmee help je je klanten?

4. Vertel nog iets meer over het probleem.

5. Benoem de emotie die erbij hoort.

6. Vertel de oplossing. Dit is het langste deel van de video.

7. Geef aan wat de voordelen zijn van deze oplossing.

8. Call to action: vraag de kijker de oplossing toe te passen en z'n ervaringen met jou te delen (in de comments of per mail).

Download een voorbeeldscript van deze geef-
een-handige-tip-video via
<u>devideovakvrouw.nl/voorbeelden</u>

Hoe lang is deze video?

Zo'n video kun je kort maken of lang. De meeste
van de acht stappen zijn heel kort, maximaal één
of twee regels. Alleen bij punt 6 moet je langer
vertellen – dat is waar je de echte waardevolle inhoud deelt. Denk voor punt 6 aan acht tot
twaalf regels tekst.

Wat vinden kijkers van deze video?

Hiermee maak je mensen blij! Je helpt ze een
stapje verder dan ze waren. Dat betekent dat
ze je onthouden, dankbaar zijn zelfs. Een perfect begin van een goede samenwerking. En: je
maakt zonder pochen en opscheppen duidelijk
waar je goed in bent. Bijkomend voordeel: als
je komt brengen sta je een stuk relaxter voor je
camera dan als je een salespitch moet houden.

EXTRA TIP

Heb je een script geschreven, lees deze dan hardop voor. Zo ontdek je of je wat er staat ook gemakkelijk kunt vertellen. Als dat niet lukt, vervang dan alles waar je over struikelt. Schrijf het op zoals je zou praten in een gesprek met iemand uit je doelgroep. Dan kom je ook makkelijk uit je woorden als de camera loopt.

Wilma Elferink – We-Yoga

Mijn belangrijkste inzichten: één tip per video is meer dan genoeg, schrap overbodige woorden en geef maar één call-to-action. Post liever een video die niet perfect is dan geen video. Reacties krijgen van klanten, vrienden en bekenden is ook erg leuk.

Tineke Verdoes – Kindertalenten

Wil jij als ondernemer starten met video's? Houd dan goed in je achterhoofd dat iedereen begonnen is met één eerste beeld, één eerste montagemoment, één eerste zin of voice-over, één eerste overgang, één eerste toon én uiteindelijk één eerste video. Neem één stap tegelijk. De tweede, derde en vierde video verschijnen dan vanzelf.

Karin van der Tuin – Good Feels Better

Het schrijven van een script dwingt je vooraf te bedenken wat je wilt vertellen en daarmee ook vooral wat niet. Het geeft structuur. Je bouwt een verhaal op met de voorbeeldscripts van de Videovakvrouw. Bovendien leert ze je om genadeloos door je eigen tekst te strepen. Zo wordt je script een bondig verhaal, to-the-point en zonder ruis.

Ginny Nijman – Nijman Corporate Coaching

KOMINACTIE! Je komt alleen verder als je iets maakt. Soms sta je gewoon even stil, maar dat heb ik zelf niet als vervelend ervaren. Na een periode van videoproductie ben ik echt een poosje gestopt. Nu ik het weer oppak heb ik het idee dat ik beter weet wat ik wil. Soms heeft het tijd nodig om je boodschap helder te hebben en (weer) in een flow te komen.

**Ingrid Langen
– Healing Touch voor Dier en Mens**

Wat ik leerde van de training van Elisabeth gebruik ik nog iedere maand: ik maak dan een video over de natuurgeneeskundige verzorging van dieren. Video's die ik zowel voor een klant van mij als voor mezelf kan gebruiken. Het maken van een goed script is de sleutel van het succes: een beter verhaal en meer focus op het beeldverhaal omdat ik de tekst niet meer hoef te bedenken. De video's doen het goed op YouTube (ze maken ook andere filmpjes) en dragen bij aan de groei van hun YouTube-kanaal. En, *last but not least,* heb ik er veel plezier in om ze te maken, terwijl ik in het begin echt stond te bibberen voor de camera.

Voel je nu aan alles dat dit is wat jij ook wilt? Weet dan dat je het niet alleen hoeft te doen. Ik nodig je van harte uit om contact met mij op te nemen. Laten we samen de mogelijkheden bespreken hoe ik je kan helpen. Spreek ik je snel? devideovakvrouw.nl/contact

Script 5.
De Verloot-een-cadeau-video **

Wat is het?

Een Verloot een cadeau-video is een video waarin je iets weggeeft. Je verloot een cadeau in ruil voor een tegenprestatie van je kijkers. Je kunt ze bijvoorbeeld vragen een reactie achter te laten.

Met zo'n Verloot een cadeau-video maak je vrienden. Je krijgt reacties onder je video, waardoor je video lekker veel aandacht krijgt. Veel nieuwe mensen maken zo kennis met jouw product of dienst. Mogelijk gaan mensen je video zelfs delen in hun eigen netwerk. Zo breidt het aantal mensen dat jou en jouw bedrijf gezien en gehoord hebben zich snel uit.

Wanneer maak je zo'n video?

Een video met weggeef-actie als deze doe je op een moment dat je vindt dat je bereik en je kanalen wel wat meer leven (reuring!) kunnen gebruiken. Als je een tijdje niets van je hebt laten horen, als je een nieuw product hebt, of je hebt een andere reden om even flink op te willen vallen. De reacties onder je video helpen je aan groot bereik op YouTube en sociale media, want een video die goed bekeken wordt en veel likes, shares en reacties krijgt wordt vaker aan anderen getoond – zo krijg je bekendheid bij mensen die nog nooit van jou gehoord hadden.

Wat doe je voordat je gaat schrijven?

Voordat je je script schrijft bedenk je welk cadeau je wilt weggeven, en wat mensen daarvoor moeten doen. Een reactie plaatsen, je video delen, zich inschrijven voor je nieuwsbrief of een webinar: *the sky is the limit.*

Deze video heet de Verloot-een-cadeau-video, maar je kunt dit op twee manieren aanpakken: of je verloot een klein aantal cadeaus, of iedereén die doet wat jij vraagt ontvangt een cadeau. Het hangt er vanaf wat je weggeeft en ik wil je ook niet teveel op kosten jagen. Die keus is aan jou. Gaat het je erom bekendheid te krijgen, dan verloot je één of enkele mooie cadeaus; wil je

een grotere mailinglijst en extra veel volgers,
kies dan iets dat je weinig geld kost, zoals een
e-book of korte online training.

Videoscript Verloot-een-cadeau-video

1.   Schets de situatie of het probleem van je
        kijker.

2.   Vertel jouw oplossing en zeg dat je kij-
        kers iets kunnen winnen.

3.   Stel jezelf kort voor.

4.   Vertel waarom die oplossing zo goed
        werkt.

5.   Vraag om een reactie (onder de video of
        via de mail).

6.   Vertel dat je één of meer cadeaus verloot
        onder de reacties.

7.   Nodig uit om te reageren.

Download een voorbeeldscript van deze Verloot-een-cadeau-video via
devideovakvrouw.nl/voorbeelden

Hoe lang is deze video?

Deze video is, net als de meeste video's uit dit boek, tussen de twee en drie minuten lang. Dat is, zo blijkt uit onderzoek, een prettige lengte voor een video: je kunt er je boodschap in kwijt zonder dat het te lang duurt. Wil je je video posten op een platform waar alleen heel korte video's geplaatst kunnen worden, laat dan de punten 3 en 4 weg.

Wat vinden kijkers van deze video?

Iedereen vindt het leuk om iets te krijgen. En daar willen mensen ook best iets voor doen. En wie iets dóét in plaats van alleen maar passief kijkt, die onthoudt jouw boodschap goed. Zo wordt dit een actie waarmee jij jezelf lekker zichtbaar maakt en nieuwe mensen jou gaan ontdekken. Je komt niet met lege handen, integendeel, je komt met cadeaus, dus je bent welkom. De mensen uit jouw doelgroep zullen dus blij worden van deze video!

EXTRA TIP

Zorg wel voor een aantrekkelijk cadeau, iets wat veel mensen graag willen hebben. En bedenk een leuke opdracht of vraag waarmee je je kijkers in beweging brengt en je veel interactie krijgt – dat is goed voor je views op sociale media.

Wie áltijd
probeert iets
te verkopen
verliest
kijkers.

Script 6.
De Verkoop-je-product-
video ***

Wat is het?

Een Verkoop je product-video iets anders dan
een 'gewone' marketing-video. In de meeste
video's verkoop je niets. Dat werkt niet. Mensen
kijken immers om zich te vermaken of om iets te
leren. Als je gaat leuren met een aanbieding, dan
willen ze je video niet liken of delen. Af en toe
kun je best iets te koop aanbieden, maar houd
wel de verhoudingen in de gaten. Wie áltijd probeert iets te verkopen verliest kijkers.

Waarom maak je zo'n video?

Er zijn allerlei cijfers in omloop over de werking
van video voor marketing. Het is niet altijd duidelijk waar die cijfers vandaan komen en wat die
precies zeggen. Geloof dus niet alles wat je ver-
teld wordt. Een heel bekende drogreden die door
mijn collega's wordt genoemd is bijvoorbeeld

"meer dan de 80% van het verkeer op internet is video", om zo de indruk te wekken dat alles op internet in een video moet. Dat is onzin. Tekst en foto's zijn en blijven net zo belangrijk. Het absurde cijfer komt voort uit het feit dat video-bestanden veel groter zijn dan tekst en foto's en dus letterlijk meer ruimte innemen.

Maar er zijn ook cijfers die wel interessant zijn. Zoals die van Hubspot (blog.hubspot.com) en Wyzowl (wyzowl.com/video-marketing-statistics), organisaties die elk jaar met een rapport vol cijfers over marketing en video komen. Wat elk jaar opnieuw terugkomt: een video op een salespagina verhoogt de conversie (het aantal aankopen) flink. Volgens Neil Patel zelfs met 80% (neilpatel.com/blog/video-landing-page). Het bekijken van een video helpt mensen om de beslissing te nemen. Ook wordt aangegeven dat een grote meerderheid (73%) de voorkeur geeft aan video als het gaat om informatie over producten.

Als je dit weet, waarom zou je dan géén video maken voor je salespagina? En deze video kan natuurlijk ook op sociale media. Het doel van deze video is dat je toekomstige klant weet:

'deze persoon heeft er verstand van en ik kan daarop vertrouwen'.

Wat doe je voordat je gaat schrijven?

Zorg dat je precies weet voor welke pijn van je doelgroep jij een oplossing hebt. Wat jij ver-koopt is de oplossing. Vaak is dit een oplossing voor meer dan één probleem. Voor je video maak je het iets simpeler: je kiest één probleem of pijnpunt. Deze vergroten we uit. Leef je dus in: hoe voelt je toekomstige klant zich nu? Met dat geval in je lijf schrijf je je script.

In een script voor een verkoopvideo is de *call to action* erg belangrijk: de kijker moet zich na-drukkelijk uitgenodigd voelen om écht actie te ondernemen. Dat doe je ook in andere video's, maar nu twee keer, want herhaling werkt.

Videoscript Verkoop-je-product-video

1. Val met de deur in huis en vertel over de pijn van je kijker. Met een vraag, door iets te laten zien of door over je eigen erva-ring te vertellen. Maak duidelijk dat er een probleem is en hoe dat voelt.

2. Vertel dat er een oplossing is. Geef aan wat de voordelen zijn van jouw oplossing en beschrijf je oplossing in het kort.

3. Nodig alvast uit tot kopen van je product: de eerste call to action.

4. Stel jezelf kort voor: wie ben je en naar welk resultaat help je je klanten?

5. Vertel hoe het voelt als het probleem is opgelost.

6. Vertel de voordelen van jouw oplossing.

7. Herhaal de call to action.

8. Optie: neem afscheid (geen vaarwel, maar een tot ziens).

Download een voorbeeldscript van zo'n salesvideo via devideovakvrouw.nl/voorbeelden

Hoe lang is deze video?

Een verkoopvideo is heel functioneel. Je hoeft niet 'leuk te doen', je hoeft niemand te vermaken, deze video wordt bekeken door mensen die op je salespage komen en door mensen die zich herkennen in punt 1. De meeste video's maken we om relaties op te bouwen – voor de lange termijn dus. Deze video is anders: de oplossing is er direct, meteen beschikbaar, je toekomstige klant is er slechts één muisklik van verwijderd. Schrijf je script dus zo kort mogelijk: wat is het minimale dat je wilt vertellen? Alle andere informatie vinden we wel op de salespage.

Wat vinden kijkers van deze video?

Mensen die deze video bekijken zitten nét een beetje anders in de wedstrijd dan de gemiddelde scrollende mens. Ze zijn zich ervan bewust dat er een probleem is (hoe groot of klein ook), en ze zoeken een oplossing. Deze video helpt ze niet alleen beslissen of jouw oplossing past, maar ook of jullie wel bij elkaar passen. Dat is enorm belangrijk voor het succes van jullie samenwerking! Wees dus niet bang om je gezicht te laten zien en je stem te laten horen, want, meer nog dan de inhoud is dat wat je toekomstige klant helpt om te beslissen. Vind je het een vervelend idee dat je ook een 'nee' kunt krijgen door zo'n video? Dat begrijp ik, niemand wil graag afgewezen worden – alleen: als er geen match is tussen jouw bedrijf en je potentiële klant, in stijl, persoonlijkheid of visie, dan komt dat hoe dan ook een keer naar boven. En dan zou ik zeggen: liever eerder dan later. Liever nu een nee dan later een creditfactuur moeten maken – toch? Graag – of niet, dat is mijn motto.

EXTRA TIP

Zorg voor een goede verhouding tussen marketingvideo's en verkoopvideo's. Dat betekent dat je minstens vier video's op YouTube en sociale media plaatst waarin je niets te koop aanbiedt en bied dan gerust één keer wel iets te koop aan. Ook slim: gebruik de video's waarin je iets verkoopt bijvoorbeeld alleen op je site of in advertenties.

Script 7.
De Zero-to-hero-video ****

Wat is het?

Een Zero-to-hero-video is een video waarin je een verhaal vertelt. Een interessant verhaal dat start op een moment dat er iets niet goed gaat. Je kunt dit script gebruiken om jouw verhaal te vertellen – op zo'n manier dat het mensen inspireert. 'Dat wil ik ook!' zal je kijker denken – en dan kun je er zomaar een nieuwe klant bij hebben. Wie deze video over zichzelf maakt kan de neiging hebben om heel veel ellende over zichzelf te gaan vertellen, maar pas op; dit is een strategisch verhaal. Je kiest als start een moment waarin je doelgroep zich kan herkennen. Dit is dus géén excuus om een oeverloos en-toen-en-toen-en-toenverhaal te vertellen. Dat doe je beter in het café of op een verjaardag, niet als je marketing doet.

Wanneer maak je zo'n video?

Deze video maak je omdat er meer is dan tips delen en vragen beantwoorden. Wil je een echte band opbouwen met je volgers dan zal je iets meer moeten laten zien (figuurlijk) dan je kennis: we moeten ook weten wie jij bent. Deze video maak je dus als je al een aantal FAQ-video's en Geef-een-nuttige-tip-video's hebt gemaakt.

Wat doe je voordat je gaat schrijven?

Deze video vertelt over een verandering. In het begin van de video is er iets mis, en jij vertelt dankzij welk besluit en welke actie dat goed kwam. De video begint met het omschrijven van een specifiek moment. Kies dat moment met zorg. Hét moment moet herkenbaar zijn voor toekomstige klant: het is de situatie waarin jouw ideale klant zich nu bevindt! De naam zero-to-hero kan je doen denken dat deze video moet beginnen met een moment dat je totaal aan de grond zat: in de goot, blut, uitgescholden en dakloos. Maar daar gaat het niet om. Je maakt deze video niet om je ellende te delen. Je maakt deze video om je doelgroep te inspireren om de eerste stap te zetten naar verandering. Zoals jij dat ook ooit deed. Kies eerst je moment, en denk huiverend terug aan hoe het toen was. Bedenk dan wie of wat jou geïnspireerd heeft om die ene stap naar verbetering te zetten. En ga dan schrijven. Met een Zero-to-hero-video leg je een stevig fundament waardoor je door veel mensen gezien wordt als expert op jouw vakgebied. Het eindresultaat dat je beschrijft is iets dat je kijkers ook zullen willen. En ze willen het van jou leren. Het maken van deze video is niet makkelijk, maar zeker de moeite waard.

Videoscript Zero-to-hero-video

1.   Vertel hoe je eraan toe was in die zero-state. Geef vooral rauwe details: geen vrienden, geen werk, of gewoon geen idee hoe het verder moest.

2.   Vertel waarnaar je op dat moment het allermeest verlangde. Bijvoorbeeld een goed inkomen, zelf de baas zijn over je tijd, meer vrijheid, betere gezondheid.

3.   Vertel wat je moest doen om punt 2 te bereiken. Welke verandering moest je ondergaan? Waar moest je mee stoppen?

4.   Vertel wat je hebt gedaan om te ver-
        anderen. Was er iemand die je hielp of
        inspireerde, volgde je een opleiding of
        las je veel boeken? Belangrijk is dat je
        iets noemt dat een ander ook kan doen.
        Daarmee inspireer je je kijker om ook een
        stap te zetten naar verandering.

5.   Vertel wanneer het goedkwam. Wanneer
        kwam jij in jouw hero-state?

*(Stap 5 en 6 kun je samen in 1 zin zeggen: Toen
ik eindelijk bereikt had waarvan ik droomde ...
of: Toen ik mijn eerste ton op mijn bankrekening
zag staan ... Toen ik hand in hand liep met mijn
nieuwe vrouw ... Toen ik mijn eerste 10 kilometer
binnen een uur liep ...)*

6.   Vul de zin uit stap 5 aan: ... voelde ik me ...
        en ... Hoe voelde het om je hero-state te
        bereiken?

7.   Vat het nog even samen: ik ging
        van - (beschrijf nog een keer kort je
        zero-state) - naar - (beschrijf nog een
        keer kort je hero-state). Het proces dat
        jij in deze video beschrijft is iets dat je

kijkers ook zullen willen. En ze willen het
van jou leren.

8.   Nodig je kijkers uit om nu een stap te
        zetten, zoals het maken van een afspraak
        met jou.

Download een voorbeeldscript van deze zero-
to-hero-video via <u>devideovakvrouw.nl/voor-
beelden</u>

Wil je niet vertellen over je eigen mindere
moment, bijvoorbeeld vanwege privacy of
omdat het totaal niet past bij je product, schrijf
het script dan over een klant van je. Geanoni-
miseerd, en nu ben jij degene die hielp met de
verandering in punt 4.

Hoe lang is deze video?

Deze video vertelt een boeiend verhaal, en hoe
lang die video dan wordt, dat boeit niet. Want
het begin van deze video kluistert je kijker aan
zijn beeldscherm: hoe loopt dit af? Als je het
stappenplan precies volgt, wordt deze video niet
lang. Denk aan anderhalve minuut tot maximaal
drie minuten. Hoe korter de video, hoe makkelij-

ker mensen erop klikken, maar je hebt ook weinig tijd om indruk te maken; je gaat je verhaal dan afraffelen. Neem liever uitgebreid de tijd om het moment aan het begin goed te omschrijven, met details over de omstandigheden. Dan is je kijker echt betrokken.

Wat vinden kijkers van deze video?

Mensen horen graag verhalen, en al helemaal verhalen over verandering van slecht naar goed. Daarom smullen kijkers van een goede zero-to-hero-video. En: ze leren je nét iets beter kennen dan wanneer je alleen maar een tip geeft, en dat verdiept de band die ze met je voelen.

EXTRA TIP

Als je weinig tijd of geduld hebt: vraag dan hulp bij het maken van je video's. Je hoeft niet alles in je eentje te doen. Een collega, vriend of kind of videomaker kan je helpen met het maken van de opnames en de montage van je video. Soms is je kind er veel handiger in dan jij.

Sabine Funneman – Het Juiste Verhaal

Video maken is heel inspirerend voor je creativiteit, handigheid, geduld en nog veel meer. Overal heeft Elisabeth me bij geholpen en gesteund. De spiegel die ze me voorhield was een belangrijk moment. 'Je voorkomt dat je kritiek krijgt door de video's te makkelijk te maken.' Die was raak! Daarna heb ik nog een sprong gemaakt in technisch betere video's en ook helderder boodschappen. Laatst zei ze tegen me dat mijn video's veel netter waren! Ik glom van trots.

Wilma Elferink – We-Yoga

Ik worstelde vooral met perfectionisme, maar ik kom er gaandeweg achter dat een video vooral nuttig moet zijn voor je klanten. En dat het niet uitmaakt of mijn haar een keer iets minder goed zit. In het begin vond ik mezelf er ook maar vreemd uitzien op beeld. Maar over die schaamte en angst voor reacties ben ik ondertussen wel heen. Ik heb ondertussen een soort stijl ontwikkeld die bepaalde mensen aanspreekt en die heb ik graag als klant.

**Miranda Wedekind – specialist digitale gelet-
terdheid met kleuters**

Ik koos ervoor om te leren hoe ik betere video's
kan maken, omdat ik video als een grote meer-
waarde zie. Mensen leren je door je video's al
echt kennen en weten sneller of jij de persoon
bent die ze zoeken. Daarnaast vind ik video's
maken leuk en wilde graag de kneepjes leren
van een vakvrouw.

Het maken van video's zorgt ervoor dat meer
mensen me volgen, dat ik bekender ben en op
events herkend wordt door leerkrachten en dat
ik als expert wordt gezien door die leerkrachten. Vorige keer zij iemand: 'Als het gaat over
digitale geletterdheid met kleuters, dan moet je
Miranda hebben. Jij bent echt de expert op dit
gebied!'

Annie van Dongen – Coach Annie

Het was voor mij een grote brij, inhoud, techniek, wat moet je dan vertellen? Dus: vooral worstelen met hoe en waar te beginnen. Wat mij hielp was hele kleine stapjes maken, en successen vieren. Een script geschreven? Joehoe! Opnames gemaakt? Goed gedaan! Gemonteerd? Knap dat ik zover ben gekomen! Ik had nooit gedacht dat ik dit zo leuk zou vinden. Ik ben heel blij dat ik het heb ontdekt. Dit past zoveel beter bij me dan stukjes schrijven.

Pas op: video's maken is verslavend!

Als je eenmaal de eerste tien video's gemaakt hebt, ben je eraan verslingerd. Door de leuke reacties die je krijgt, door de omzet die het je brengt en doordat je er zo creatief mee kan zijn als je zelf maar wilt.

Met dit boek heb je er al minstens zeven!

Je eerste tien video's zijn geen makkie. Niet vanwege de techniek en ook niet vanwege de inhoud. Wel omdat je bij het maken van video's jezelf tegenkomt. Letterlijk én figuurlijk.

De perfecte video? Die is nog nooit gemaakt. En toch is elke video die jij online zet beter dan de vorige. Dat geldt voor jou als beginner, en dat geldt ook voor mensen die al dertig jaar met video werken, zoals de Videovakvrouw.

Tools, techniek en media veranderen bijna dagelijks. Daarom vind je daarover in dit boek geen tips. Wat niet verandert is de kracht van video voor marketing. Video brengt verbinding, ook waar die er niet kan zijn door afstand of tijdgebrek. Met jouw video's leg je verbinding met mensen die je zelf niet kent. Doe je dat goed, dan bereik je met elke video nieuwe toekomstige klanten.

Ik hoop dat mijn scripts je helpen bij het maken van goede video's voor je bedrijf. De scripts zijn de vruchten van mijn jarenlange ervaring in het werken met video en ondernemers – en ik ben er dan ook ontzettend trots op. En ik ben blij dat ik ze nu met jou heb kunnen delen.

Voel je nu aan alles dat dit is wat je wilt: goede video's maken voor je website en voor sociale media. Weet dan dat je het niet alleen hoeft te doen. Ik nodig je van harte uit om contact met mij op te nemen. Laten we samen de mogelijkheden bespreken hoe ik je kan helpen.

Spreek ik je snel? devideovakvrouw.nl/contact

**Marijke Blom-Laschek
– Fondsenwerven doe je zo**

Inmiddels kan ik oprecht zeggen dat ik het leuk vind om video's te maken. Maar vervolgens moet je ze ook nog aan de wereld laten zien. Liefst mét een plan daarachter: wat moet die video gaan doen? Meer bezoekers naar je website trekken? Naar je YouTubekanaal? Inschrijvers voor je nieuwsbrief? Verzin het maar. En daarover kun je met jou heel goed brainstormen. Omdat je er zelf ook voor gestaan hebt, weet je precies hoe ik me voel en heb je vaak de juiste vraag om mij de stap te laten zet- ten. Een liefdevolle schop onder de kont, dat is wat je geeft. Precies wat er nodig is, niet meer en niet minder.

Arianne van Kleef – Keerpunt Vitaal

Begin gewoon, praat tegen je camera alsof het je beste, leukste, liefste klant is aan wie je alles wilt vertellen wat ze echt moeten weten. Speel, oefen en oefen nog een keer. Als je het eenmaal in de vingers hebt, kun je niet meer stoppen met het maken van video, dan zie je overal kansen om 'leuk voor YouTube!' te roepen. Go for it!

Astrid van Zelst - Kleur is Kracht

De eerste keer buiten filmen met selfiestick vergeet ik nooit. Het was prachtig weer en ik wandelde in het bos. Telkens als er iemand voorbijkwam even groeten en even later weer verder met mijn opname. Ik had gelukkig geen last van wat men wel niet van mij zou denken met mijn selfiestick en camera als volleerd vlogger.

San van Doorn - Passie voor Honden

Het schrijven van een goed script heb ik al doende steeds beter onder de knie gekregen en het gebruik maken van een script zorgt voor video's die lekker lopen. Omdat ik zo precies weet wat ik ga vertellen, zeg ik minder vaak 'eh' en herhaal ik mezelf niet.
Ik heb van Elisabeth veel geleerd op het gebied van video. Vooral dat ik gewoon mezelf mag zijn voor de camera en dat mensen graag naar mensen kijken en in mijn geval ook naar honden. Het bewerken van video's is ondertussen een hobby van me geworden. Met veel plezier blijf ik regelmatig video's maken.

Jolanda Pikkaart – De kleurrijke inspirator

Hoewel ik structuur essentieel vind en daar ook op hamer bij mijn klanten die een boek schrijven, ontstonden mijn video's eerst spontaan. Dat was erg leuk, maar niet altijd even effectief. Ik bedacht mijn teksten ter plekke, dus er ging nogal wat mis. Nu denk ik er vooraf over na en ook beter over de locatie. Daardoor kijken er meer mensen naar mijn video's en groeit het aantal abonnees op mijn YouTube-kanaal.

**Pauline le Rutte
– Conduite presentatietraining**

Het gaat niet alleen om het verhaal en het filmen zelf. Alles eromheen bepaalt het succes van je video. De scripts, de montage, hoe je je omgeving verwerkt, thumbnails, het inrichten van je YouTubekanaal. Video's maken is typisch iets dat je al doende leert. Met vallen en opstaan. En dat is niet altijd leuk, maar er is ook een steile leercurve. Eenmaal die eerste hobbel over en dan ben je los. Het helpt enorm als je weet hoe je het moet aanpakken. En als je een stok achter de deur hebt. Dat was de Videovakvrouw voor mij.

Petra Deken – GetPincked

Toen ik bij Elisabeth aanklopte, worstelde ik
met een enorme presentatie- en camera-angst
en bleef ik maar drentelen op de duikplank. Ik
wilde graag aan de slag met video, omdat ik wist
dat het me zou kunnen helpen, maar ik durfde
gewoon niet. Tijdens de cursus bleek het maken
van video's niet zo erg als ik van tevoren had
gedacht. De tips zijn praktisch, bemoedigend
en gaan niet alleen over de techniek, maar ook
over de inhoud. Elisabeth kan zich verplaatsen
in iemand die het nog spannend vindt, heeft
veel humor en zelfspot, is motiverend en denkt
goed mee. Daarnaast heb ik in de groep andere
inspirerende ondernemers ontmoet met wie ik
nog steeds contact heb. Erg waardevol.

Carolien Poels – Engels leren met dyslexie

Ik wist niet waar ik moest beginnen. Waarop
moet ik letten? In welk programma ga ik editen? Hoe werkt editen überhaupt? Hoe zet ik er
ondertitels onder? Hoe begin ik een YouTube-
kanaal? Hoe kom ik relaxed over? Het was een

hele lijst met niet alleen technische details. Ik leerde niet alleen al deze technische handelingen maar ook hoe ik mijn informatie over moet brengen. Hoe je in de camera kijkt. Ik merkte dat ik ook graag in de natuur video's opneem als variatie op video's in de praktijk. Mijn scripts werden in veel gevallen gehalveerd door Elisabeth omdat ik te veel informatie in een video wilde delen. Het voordeel hiervan was dat ik gelijk stof had voor meerdere video's.

Astrid Moors – de visuele orde

Voor een crowdfundproject via Voordekunst moest ik een video maken om aan potentiële funders uit te leggen wat ik wilde gaan doen. Een paar jaar geleden was het ondenkbaar geweest dat ik dit zelf zou doen, nu was het een peulenschil – écht waar! Als afronding van datzelfde project ga ik nu een videoverslag maken van het tot stand komen van de kunstwerken. Heel ambitieus, ik weet het. De lat lager leggen kan altijd nog. Mocht je een filmfestivalletje weten waar de docu van een uur kan draaien, laat het me weten.

Videoscripts schrijven met een robot: snel of nep?

Houd je niet zo van schrijven of heb je geen tijd, dan kun je ook *artificial intelligence* (bijvoorbeeld ChatGPT of Jasper) inzetten. Met een simpele prompt (opdracht) krijg je een aardig script van deze tekstrobot en je hoeft nauwelijks research te doen.

Verderop geef ik je wat voorbeelden van prompts die je kunt gebruiken. Ik weet zeker dat je er meteen enthousiast van wordt: zo gaat het wel héél gemakkelijk! Ik vind het zelf ook erg leuk, maar zie ook het gevaar dat video's hun kracht verliezen als je teveel uit handen geeft. Daarom twee tips voor wie een robot wil gebruiken als script-schrijver.

Tip 1. De scripts die een tool zoals ChatGPT voor je schrijft zijn niet getest op effect, zoals de scripts in dit boek dat wel zijn. Een door kunstmatige intelligentie geschreven tekst is óók gebaseerd op video's en teksten die niet werken als marketing of gewoonweg niet goed zijn. Daarvan zijn er namelijk heel veel. Neem dus, en ik weet dat ik niet de enige ben die dit adviseert, geen teksten over zonder je af te vragen of ze goed genoeg zijn voor jouw video. Houd liever de stappen van de scripts uit dit boek als leidraad.

Tip 2. Een video is een gesprek, al zegt je kijker dan tijdens het opnemen even niets terug. Daarom moet je script ook geschreven worden in spreektaal. Ik praat vaak hardop mee tijdens het schrijven, dan hoor ik meteen al of ik wat ik bedacht heb ook echt zou kunnen zeggen. Zo kom ik niet over als een nieuwslezer, maar als mezelf. Pas dus, als je je tekst kunstmatig laat genereren, alles aan naar je eigen manier van praten. De kracht van je video is altijd die combinatie van zakelijke informatie met een persoonlijke touch. En die persoonlijke touch komt van jou, niet van een schrijfhulp.

Wil je je een script laten genereren door AI, geef dan voldoende informatie, over lengte, stijl en ook de specifieke informatie die je wilt geven. Weet je het niet precies, laat je dan verrassen. Want er komt ook vaak iets moois uit, waaraan je dus zelf nog wel die persoonlijke touch kunt toevoegen:

Voorbeeld 1. Prompt: Mag ik een script voor een video waarin de veel gestelde vraag: 'Welke microfoon heb ik nodig als ik een video opneem met mijn smartphone?' Antwoordt met: 'Je hebt een lavalier microfoon nodig om goed verstaanbaar te zijn.' Schrijf het casual en ongeveer 3000 tekens.

Levert op:

'Hey, allemaal! Welkom terug op ons kanaal. Vandaag gaan we het hebben over een veel gestelde vraag: 'Welke microfoon heb ik nodig als ik video's opneem met mijn smartphone?' Het is een belangrijke vraag, want een goede audio is net zo cruciaal als scherpe beelden voor geweldige video's. Laten we dat samen verkennen.'

Zo zou ik het nooit zeggen. Misschien had ik dat 'casual' niet moeten schrijven? Met een paar aanpassingen kan het er mee door. Maar dit schrijf ik zelf net zo snel en dan doe ik het meteen zoals ik het zelf zou zeggen.

Voorbeeld 2. Prompt: Wil je een videoscript voor me schrijven voor een video voor Youtube waarin ik uitleg hoe je een fietsband plakt?

Deze prompt levert een keurig en uitgebreid script op met een complete lijst van benodigdheden en stap voor stap handleiding. Over de inhoud hoef ik nauwelijks meer na te denken.

Hm, zal ik dan een Youtubekanaal over fietsreparatie beginnen? Nee, want ik ben superonhandig, en dat ga je zien in die video's.

Voorbeeld 3. Prompt: Geef me een script voor een video waarin ik uitleg dat artificial intelligence wel handig is, maar dat je altijd wel goed je eigen woordkeuze en manier van vertellen erin moet verwerken.

Het begin van het antwoord van ChatGPT:

Natuurlijk, hier is een script voor een video waarin je uitlegt waarom artificial intelligence handig is, maar ook benadrukt waarom het belangrijk is om je eigen woordkeuze en manier van vertellen in je content te behouden:

[Inleiding] Hey, allemaal! Welkom terug op mijn kanaal. Vandaag gaan we het hebben over een onderwerp dat steeds relevanter wordt in de wereld van contentcreatie: artificial intelligence,

ofwel AI. We gaan bespreken waarom AI handig kan zijn, maar ook waarom het cruciaal is om je eigen woordkeuze en persoonlijke touch in je content te behouden. Laten we van start gaan.

Ik zal je de hele tekst van Chat GPT besparen. Het script lijkt op het eerste gezicht prima. Als ik het goed lees, merk ik dat er veel algemene dingen gezegd worden en de tips die gegeven worden zijn heel algemeen en worden zo verwoord dat je ze slecht onthoudt. De tips worden wel gezegd, maar in deze tekst niet toegepast. Deze video zal dus niet zo goed werken.

Conclusie

Als je de stappen van de scripts in dit boek volgt, merk je al snel dat het niet echt nodig is om AI te gebruiken: het schrijven gaat snel genoeg, er is voor elk script een voorbeeld en wat je zelf schrijft past bij hoe je vertelt. Kom je er niet meteen uit, dan kun je je natuurlijk laten helpen door de techniek, zolang je maar vasthoudt aan je eigen taalgebruik zodat je kijker het gevoel heeft een echt mens te ontmoeten in je video.

En dan nu?

Voel je nu aan alles dat dit is wat jij ook wilt?
Weet dan dat je het niet alleen hoeft te doen. Ik
nodig je van harte uit om contact met mij op te
nemen. Laten we samen bespreken hoe ik je kan
helpen.

Spreek ik je snel?
Scan dan nu deze QR-code!

9 789083 345079